Dire un maximum de choses
en un minimum de mots.

Anthropologie

Les règles du je :

Je suis...

☐ ...mortel.
☐ ...immortel.
☐ ...vulnérable.
☐ ...invulnérable.

Anthropologie

Les règles du je sont les mêmes pour nous tous.

E.P.S

QCM

À la fin du je, on regrette les occasions...
- ☐ ...que l'on a ratées.
- ☐ ...que l'on n'a pas tenté de se procurer.

Filousophie

Que celui qui a peur d'entreprendre quelque chose
par peur du jugement se rassure,
quoiqu'il fasse ou ne fasse pas,
il sera jugé quand même.

Filousophie

La récompense dont tu seras le plus fier
n'est pas ce que tu vas avoir
quand tu y seras arrivé
mais ce que tu seras devenu
en y allant.

Filousophie

Naître ——————————————————— N'être

On va tous dans la même direction...
☐ ...par des chemins différents.
☐ ...avec une conduite différente.

Filousophie

QCM

Le but du je...
- ☐ ...c'est de leur en mettre plein la vue.
- ☐ ...c'est d'en prendre plein les yeux.

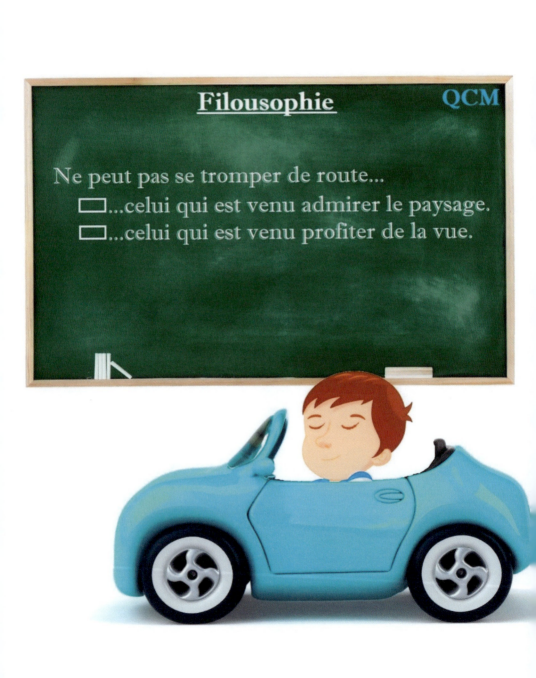

Filousophie

QCM

Ne peut pas se tromper de route...
☐ ...celui qui est venu admirer le paysage.
☐ ...celui qui est venu profiter de la vue.

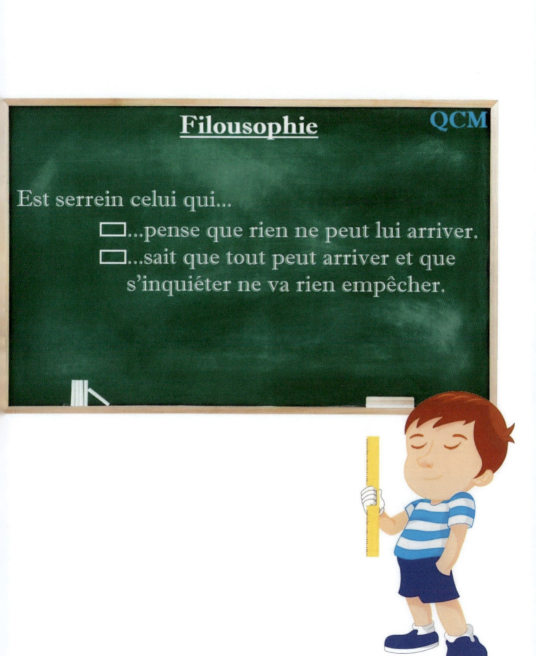

Français
Grammaire

Totologie

N'a jamais assez celui qui ne se suffit pas à lui-même.

Français
Orthographe

Faire la part des causes.

| Ce qui est de ma faute | / | Ce qui n'est pas de ma faute |

Français
Vocabulaire

Faire la part des choses.

Celles pour lesquelles on ne peut rien.  Celles que l'on peut toujours changer.

Français
Vocabulaire

La vie

Mathématiques
Calcul

Y en a des malheurs possibles sur terre.

Mathématiques
Calcul

Y en a des bonheurs possibles sur terre.

Mathématiques
Calcul

Les racines de quelqu'un ne suffisent pas à déterminer sa trajectoire.

~~$\sqrt{lui}$ = quelqu'un d'heureux~~
~~$\sqrt{lui}$ = quelqu'un de malheureux~~

Mathématiques
Calcul

Jusqu'à aujourd'hui j'ai eu _____ fois l'occasion de passer une bonne journée.

Mathématiques
Géométrie

Aussi carré que tu puisses être,
tu ne peux pas deviner
comment les choses vont tourner.

Littérature

<u>Schéma narratif de la vie</u>

<u>Situation initiale</u> : début de je.
<u>Eléments perturbateurs</u> : les choses qui vont arriver.
<u>Péripéties</u> : ce qu'on va faire de ça.
<u>Dénouement</u> : qui on sera devenu après tout ça.
<u>situation finale</u> : fin du je.

Musique

♪ Les gammes ♪

La vie est faite de belles notes.

Musique

♪ Les gammes ♪

La vie est aussi faites de bémols.

Musique

♪ Les gammes ♪

On n'a pas d'autre choix
que de composer avec tout ça.

Pédagogie

Surprotéger fragilise.

Sciences Économiques et Sociales

Il y en a qui paient leurs erreurs
plus chères que d'autres.

Sciences Économiques et Sociales

Une même erreur ne se paie pas toujours le même prix.

Sciences Économiques et Sociales

On comprend à quoi sert l'argent quand on en manque.

Sciences Économiques et Sociales

On comprend à quoi l'argent ne sert pas quand on n'en manque pas.

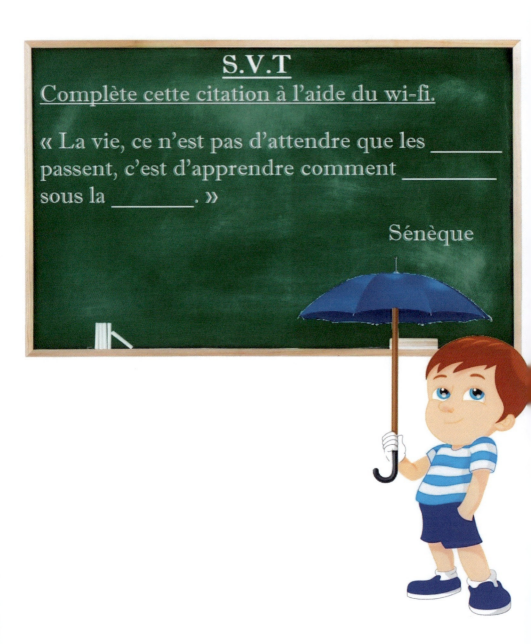

Printed in Poland
by Amazon Fulfillment
Poland Sp. z o.o., Wrocław

35219213R00022